白崎茶会の はじめての
地粉パン

白崎裕子

NHK出版

はじめに

皆さんは、地粉のパンを食べたことがありますか？
そもそも「地粉ってなんだろう？」と思った人も多いかもしれません。

地粉とは、にっぽんの小麦粉です。
「うどん粉」とも呼ばれ、昔は家庭で使われる小麦粉はすべて地粉でした。
ほうとう、おやき、すいとん、まんじゅう、天ぷら、蒸しパンなどなど、
ひとつの粉でなんでもつくっていたのです。
地粉でつくるとどんなものも、しっとりモチモチに仕上がります。
日本のお米が外国のお米と比べてモチモチしているのと同じように、
日本の小麦も、モチモチしているのです。

私たち日本人は、モチモチした粉ものが大好きですよね？
今も、コンビニやスーパーなど、どこへ行っても、ふわもち〇〇パンとか、
もっちり〇〇ロールなど、モチモチの名前がついた商品が並んでいます。
ただし、原材料を見てみると、その多くは小麦粉に、
いろいろなモチモチ素材（加工でんぷん、増粘剤などなど）が加えてあるようです。

今の日本の小麦自給率は15％前後といわれているので、私たちが食べている粉ものは、
そのほとんどが外国産小麦でつくられていることになりますが、
外国産小麦でみんなの大好きな「しっとりモチモチ」の食感をつくるには、
さまざまな工夫が必要なのかもしれません。

もしかして私たちは「地粉ロス」なのかも？ なんて考えも浮かびます。
長い間、主食として食べ続けてきた地粉をほとんど食べなくなり、
突然、外国産の小麦粉を何種類も食べはじめたのですから、
ロスになってもしかたないような気がするのです。

新しい小麦粉が体に合わない人もたくさん出てきて、
小麦粉自体を避けなくてはならなくなった人も増えています。
モチモチのドーナツが好きなのも、タピオカに並んでしまうのも、
体が地粉のモチモチを求めているからなのかも??
……と、ここまでは、私の個人的な意見や空想も含まれていますが。

とにもかくにも、本書は「地粉でつくるパンの入門書」です。
モチモチの食感はそのままに、初心者でもつくりやすく、
生地がふんわりと軽く仕上がるように、いろいろな工夫をしています。

地粉でパンをつくると最初は戸惑うかもしれません。
一般的な強力粉のパンほど大きくふくらみませんし、
生地もやわやわで、頼りなく感じるでしょう。
粉によってそれぞれ吸水率も違いますし、味や香り、色さえ違います。
ですが、たとえどんなに不格好になろうとも、
焼き上がったパンはうまみと風味にあふれ、シンプルな材料で奥深い味になります。
私たちの祖先が食べ続けてきた、懐かしい味わいです。

ひとりでも多くの人に、このおいしさを知ってほしいと願って
この本をつくりました。

地粉は今も全国各地で栽培されています。
お米と同じように、人それぞれ好みの地粉があり、
不思議と、生まれ育った場所に近いところで収穫された粉を、
おいしく感じるようです。

今こそ、にっぽんの小麦粉でパンを焼いてみませんか？

白崎裕子

地粉のはなし

地粉はどこで手に入る？

地粉は少し大きめのスーパーなら大体おいてあります。ただし、袋にわかりやすく「地粉」と書いてあるとは限りません。「チクゴイズミ」「農林61号」など小麦粉の品種や銘柄が書いてあったり、「うどん粉」「だご汁粉」など、その粉を使ってつくる料理名が書いてあったり、農協や道の駅などの直売所では「小麦粉」とだけ書いてあったりと、表記の方法がまちまちです。

よくわからないときは、まずは袋の裏をよく見て、**①国産の小麦粉であること。②たんぱく質の含有量が9％前後であること**（地粉100g当たりのたんぱく質含有量で記載）。この2つを確認しましょう。インターネットでも手軽に入手できます。実はいろいろな所で地粉は販売されているのです。

地粉パンの長所とは？

地粉はミネラル分が残っているものが多く、小麦のうまみや風味がたっぷりの、味わい深いパンがつくれます。噛み切りやすく、口溶けよく仕上がるのもこの本のパンの特徴で、小さな子どもやお年寄りも食べやすい、しっとりモチモチのパンになります。また、地粉パンはグルテンが少ないので、強力粉でつくるパンと比べ、消化しやすく、仕上がりが軽やかです。力いらずでパンがつくれるのもいいところ。日本の風土で長い時間をかけて育った小麦粉は、日本人の体質と味覚にぴったりなのです。

地粉はどんな種類がある？

私たちが毎日食べているお米は、ほとんどが国産の米、つまり「地米」です。「あきたこまち」「つや姫」などの品種や、「魚沼産」などの生産地で選んだり、「玄米」、「胚芽米」、「白米」などの精米度で選んだりすることもできますよね。地粉も同じです。品種、生産地、製粉度の違いなども考えると、本当にたくさんの種類がありますが、どの地粉でつくっても小麦のおいしさを味わえます。いろいろな地粉でトライして、好みの地粉を見つけましょう。

ただし、「地粉」と書かれていても、袋を開けたら「全粒粉地粉」だったということがよくあります。全粒粉地粉だけでおいしいパンをつくるのは、初心者には難しいので、よく粉を確認してから購入しましょう。全粒粉地粉は粒があり、茶色っぽい色をしています。間違って買ってしまったら、102ページを参照してください。

地粉パンで気をつけることは？

［水分量を調節する］
この本のレシピでは水分量に幅をもたせていますので、**はじめは水を少なめにしてみてください。慣れたら徐々に増やしていきましょう。**水分が多めに入るとおいしいパンになります。地粉は、使う粉によって、たんぱく質含有量が違うため、吸水率がそれぞれ違います。また、同じたんぱく質含有量の粉でも、製粉方法や品種の違いなどで吸水率が変わるため、生地に加える水分量を少し調節する必要があるのです。

［新しい粉を使う］
地粉は灰分といわれるミネラル分が多いため、古くなると味が落ちやすく、生地がベタついて、ふくらみにくくなってしまいます。開封後は密封し、保存容器に入れて、なるべく早めに使いきりましょう。夏は冷蔵庫での保管がおすすめです。

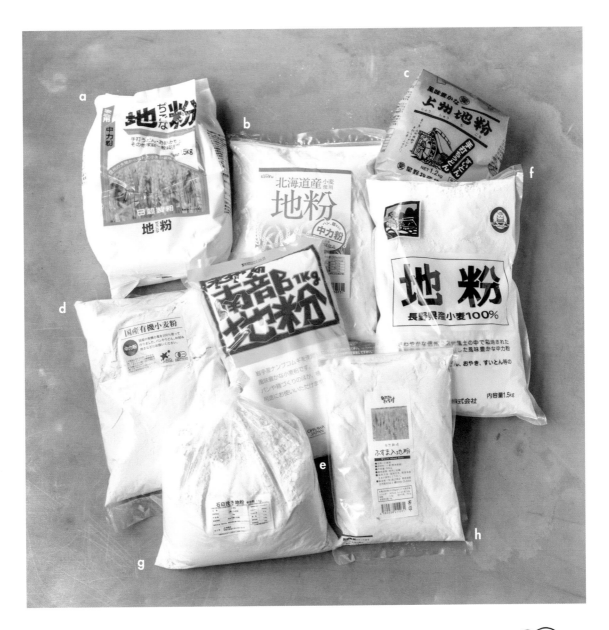

たんぱく質量はここをCHECK!!

全国各地にいろいろな地粉があります！

a 日穀 地粉（中力小麦粉）／たんぱく質含有量 9.1%
日穀製粉（TEL 0120-25-4157　https://www.nikkoku-shop.net/）

b 北海道産小麦使用 地粉（中力粉）／たんぱく質含有量 9.3%
オーサワジャパン・リマの通販（TEL 0120-328-515　https://ohsawa-japan.co.jp/）

c 上州地粉／たんぱく質含有量 8.5%
星野物産（TEL 0277-73-3333　https://www.hoshinet.co.jp/）

d 国産有機小麦粉（中力粉）／たんぱく質含有量 9.3%
ビオ・マーケット（TEL 0120-06-1438　https://biomarche.jp/）

e オーサワの南部地粉（中力粉）／たんぱく質含有量 10.5%
オーサワジャパン・リマの通販（TEL 0120-328-515　https://ohsawa-japan.co.jp/）

f 地粉／たんぱく質含有量 8.5%
柄木田製粉（TEL 026-292-0890　https://www.karakida.co.jp）

g 石臼挽き地粉（中力粉）／たんぱく質含有量 8.1%
陰陽洞（TEL 046-873-7137　https://in-yo-do.com/）

h 自然栽培ふすま入地粉（小麦粉）【中力粉】／たんぱく質含有量 9%
渡辺商店（TEL 0968-25-2306　https://kikuchimura.jp/）

※たんぱく質含有量は毎年変わります。

発酵のはなし

酵母について

この本では、ドライイーストタイプの天然酵母を使います。おすすめは「北海道とかち野酵母」（写真 **a**）と「白神こだま酵母ドライG」（写真 **b**）。
使う前にぬるま湯で溶かす必要がなく、直接粉に混ぜて使えるので、初心者におすすめです。
天然酵母ではない「サフ」などの一般的なドライイーストを使っても同量でつくることができます。

[予備発酵が必要な酵母を使う場合は]
同じメーカーのドライイーストでも、お湯で溶かしてから使うタイプのものがあります。その場合は、レシピのドライイーストと同量を使い、レシピのぬるま湯（または豆乳や豆腐と湯を合わせたものなど）に加えて（写真 **c**）、よく溶かしてから、地粉に混ぜてつくりましょう。

a

b

c

水温について

生地をこねるときの水分の温度が低いと発酵しにくくなります。発酵しやすい水温は約30℃。冬は少し高め、夏は少し低めの温度にしましょう。ポリ袋でつくるパンは手の体温で温度が上がりやすいので、夏は常温の水が最適です。

発酵の温度と時間について

発酵時間は季節や生地をおく場所によって変わります。 レシピの発酵時間とふくらむ大きさを目安に、暖かい場所で、夏は短めにして、冬は長めにおいて、しっかり発酵させましょう。地粉パンは温度を上げすぎないで、ゆっくり発酵させたほうが、ふんわりふくらみます。**オーブンの発酵機能を使う場合は28～30℃に設定し、少し早めに発酵を切り上げてください。** 二次発酵の場合、指に片栗粉をつけて生地を軽く押し、戻ってくるまでに10秒間ほどかかれば、発酵終了です。

冷蔵発酵に ついて

ポリ袋に入れた生地を冷蔵庫でゆっくりと一次発酵させる場合は、7℃以上の野菜室で袋がパンパンにはるまで8〜12時間おきます。5℃以下だと酵母が活動しないので注意しましょう。

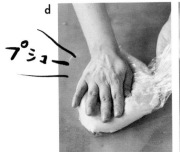

プシュー

↓

[もう1日長く保存したいときは]

袋がパンパンにはった生地を丸め直し、野菜室から冷蔵室に移すと、もう1日長く保存できます。袋の口を開け、袋の上から生地を手で押さえてガスを抜き(写真 d 左)、丸め直します(写真 d 右)。再び空気を抜いて口を結び、冷蔵室に移します。

↓

[袋がパンパンにはらないときは]

冷蔵庫から常温に出してしばらくおきます。それでもふくらまない場合は、約40℃の湯を入れたボウルにポリ袋ごと5〜10分間ほどつけてください(写真 e)。写真 d と同様にして丸め直し、口を結んで袋がパンパンにはるまで常温におきます。生地をもみ足りないときもふくらみにくくなるので、よくもみましょう。

ギューギュー

↓

[確実に袋をパンパンにはらせたいときは]

ポリ袋に入れた生地を小さめの保存瓶や保存容器に入れたり(写真 f)、布巾できつめに包んだりして野菜室で冷蔵発酵させると、さらに圧力がかかって発酵を促し、生地がよくふくらみます。

白崎さんおすすめの商品ガイド

a　北海道とかち野酵母
日本甜菜製糖 (TEL 03-6414-5533　https://www.nitten.co.jp/)

b　白神こだま酵母ドライG
パイオニア企画 (TEL 045-773-4802　https://pioneer-kikaku.co.jp/)

目次

1章
ポリ袋
でつくるパン

[この本の決まりごと]

・この本で使用している計量カップはカップ1＝200mℓ、計量スプーンは大さじ1＝15mℓ、小さじ1＝5mℓです。1mℓ＝1ccです。

・オーブンや調理器具はメーカーの使用説明書などをお読みのうえ、正しくお使いください。オーブンは機種によって火の入り方が異なります。様子を見て、温度を調整（10〜20℃）して焼いてください。

1章
ポリ袋で
つくるパン

地粉パンを上手につくるためには、
地粉全体に水分を均一に行き渡らせることが大切。
ポリ袋を使うと、この作業が安定してできるので、
初心者にもおすすめの方法です。
洗い物が少ないところもうれしいメリット！

ポリ袋でつくるポイント

① ポリ袋でつくるので、後片づけが楽。
清潔なキッチン用のM〜Lサイズを使います。

② 粉と水分は、ポリ袋に空気を入れて
強く振って混ぜると
ポロポロにまとまります。

③ ポリ袋の上からモミモミするだけなので、
こねる必要なし。手の体温で、
酵母の活動に最適な温度になります。

④ 袋の口をきつく結んで発酵させると、
生地に圧力がかかり、
こねなくてもフワフワになります。

へたパン

生地をパタンパタンとたたむだけで、難しい成形は一切なし！
下手でもおいしく上手にできる「へたパン」です。
外はカリッと香ばしく、中はふんわり。
冷蔵庫で一晩から半日かけてゆっくり休ませることで、
粉の風味がしっかり出て、おいしく焼き上がります。

つくり方 P.14

へたパン（P.12）

材料（1コ分）

A
- 地粉（中力粉）*¹ … 150g
- てんさい糖 … 10g
- ドライイースト … 小さじ½（1.5g）

ぬるま湯（約30℃）*² … 85〜95g

B
- 植物油 … 小さじ2（8g）
- 海塩 … 約小さじ½（2.5g）

片栗粉 … 小さじ1

＊1 強力粉・薄力粉各75gで代用できる。
＊2 夏は常温の水。

準備

・オーブン用の紙を天板と
　同じ大きさに切る。

1.

粉類を混ぜる

ポリ袋に **A** を入れ、空気を入れて口
をねじり、軽く振って混ぜる。

2.

水分を加える

分量のぬるま湯を加え、再び空気を
入れて口をねじり、粉っぽさがなく
なるまで強く振る。

⇒ぬるま湯は、はじめは少なめに加え、
よく振っても粉っぽさが残ったら、少しず
つ足して振ってください。

Arrange

自然な甘さで、
香ばしい！

［ 甘酒のへたパン ］ P.13
へたパンのつくり方1の **A** から、
てんさい糖を除く。
つくり方2のぬるま湯を、
甘酒（ストレートタイプ）*95〜105gを
湯煎（熱湯）にかけて約30℃に
温めたものにかえる。
つくり方9〜10のオーブンの温度を
190℃にかえる。あとは同様につくる。
＊甘酒（濃縮タイプ）35gを熱湯60〜70gで
希釈して30℃まで冷ましたものでもよい。

6.

発酵前

発酵後

冷蔵庫で一次発酵させる

冷蔵庫の野菜室に入れ、袋がパン
パンにはるまで、8〜12時間おいて
発酵させる。

⇒季節によって発酵時間は変わります。ふくら
みが足りない場合は、常温に少しおきましょ
う（それでもふくらまない場合は P.7 参照）。

7.

袋から出す

袋の口を開けて逆さにし、オーブン
用の紙にそっと生地を置き、生地に
触らないようにして袋をはがす。

3.

もむ

袋の空気を抜き、袋の上から1〜2分間もみ、5分間おく。

4.

油と塩を加えてもむ

Bを加え、油がなじむまでしっかりと8〜10分間もむ。

⇒植物油を加えてもむと、生地が袋からはがれてきます。なめらかにまとまり、ほんのりと温かくなるまでもみましょう。

5.

袋の口を結ぶ

袋の空気をしっかりと抜いて袋の口をグルグルとねじり、生地の上のあたりできつく結ぶ。

⇒生地に圧力をかけるため、袋はきつく結びましょう。

8.

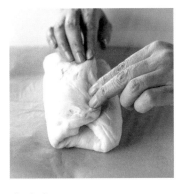

たたむ

手に植物油少々(分量外)をつけ、生地を軽く押して平らにし、生地の左右を内側にたたんで重ね、軽く押さえる。さらに生地の手前と奥を内側にたたんで軽く押さえる。

⇒ベタベタして触れない場合は、カードを使いましょう。

9.

発酵後

二次発酵させる

大きめのボウルをかぶせて1.5倍くらいの大きさになるまで、暖かい場所に1〜1時間30分ほどおいて発酵させる。オーブンを200℃に温める。

⇒発酵時間は室温によって変わります。オーブンの発酵機能を使う場合は28〜30℃で約1時間。

10.

200℃ / 20分

焼く

ボウルを外し、生地を紙ごと天板にのせる。片栗粉を茶こしで表面全体にふり、200℃のオーブンで20分間焼く。

⇒片栗粉をふると生地の乾燥を防げ、中がふんわりしっとりと仕上がります。

フルーツへたパン

基本のへたパン生地にスパイスをプラス。
たっぷりのドライフルーツとナッツを加え、
ザックリとした風合いに焼き上げます。

材料（1コ分）
A 地粉（中力粉）… 150g
　てんさい糖 … 10g
　シナモンパウダー … 3g
　ドライイースト … 小さじ½（1.5g）
ぬるま湯（約30℃）* … 85〜95g
B 植物油 … 小さじ2（8g）
　海塩 … 約小さじ½（2.5g）
レーズン … 75g

くるみ（ローストしたもの）… 25g
片栗粉 … 小さじ1
＊夏は常温の水。

準備
・レーズンは使う直前にサッと湯をかけて
　すぐにざるに上げ、水けをしっかりときる。
・くるみは粗く刻む。
・オーブン用の紙を天板と同じ大きさに切る。

1.

発酵後

ポリ袋で生地をつくる

へたパン（P.14〜15）の**1**〜**6**と同様
に生地をつくる。

2.

レーズンとくるみをのせる

オーブン用の紙に生地を取り出し、
手に植物油少々（分量外）をつけて
平らにし、レーズンとくるみをのせ
る。軽く押さえつけながら、15×25
cmくらいの長方形に整える。

3.

巻く

生地を横長に置き、手前からクルク
ルと巻き、手で押さえて軽くつぶす。

4.

三つ折りにする

両端を内側にたたんで三つ折りに
し、軽く押さえる。

5.

発酵後

二次発酵させる

大きめのボウルをかぶせる。1.5倍
くらいの大きさになるまで、暖かい場
所に1〜1時間30分ほどおいて発酵
させる。オーブンを200℃に温める。

6.

200℃／15分→180℃／15分

焼く

ボウルを外し、生地を紙ごと天板に
のせ、片栗粉を茶こしで表面全体に
ふる。200℃のオーブンで15分間
焼き、180℃に下げて15分間焼く。

17

メープルパン

メープルシロップがほんのりと甘く香る食事パンです。
表面に切り目（クープ）を入れ、
ふんわりときれいに焼き上げます。

材料（1コ分）

A｜ 地粉（中力粉）… 150g
　｜ ドライイースト … 小さじ½（1.5g）
B｜ 植物油 … 小さじ2（8g）
　｜ 海塩 … 約小さじ½（2.5g）
C｜ メープルシロップ（またははちみつ）*1
　｜ 　… 20g
　｜ ぬるま湯（約30℃）*2 … 75〜85g

片栗粉 … 小さじ1

＊1 はちみつを使う場合は、1歳未満の乳児には与えないこと。
＊2 夏は常温の水。

準備
・オーブン用の紙を天板と同じ大きさに切る。

1.

発酵後

ポリ袋で生地をつくる

へたパン（P.14〜15）の **1**〜**6**と同様に生地をつくる。ただし、ぬるま湯のかわりに、**C**を混ぜ合わせてから加える。

2.

丸めて二つに折る

オーブン用の紙に生地を取り出し、植物油少々（分量外）をつけた手で、表面がピンとはるように軽く丸め、軽くつぶして二つ折りにする。

3.

閉じる

合わせ目をつまんで閉じ、合わせ目を下にしてオーブン用の紙に置く。

4.

発酵後

二次発酵させる

へたパン（P.15）の **9**と同様に発酵させる。オーブンを200℃に温める。

5.

片栗粉をふる

ボウルを外し、片栗粉を茶こしで生地の表面全体にふり、手でそっと全体にのばす。

6.

200℃／20分

焼く

生地の表面にナイフで切り目（クープ）を斜めに3本入れる。紙ごと天板にのせ、200℃のオーブンで20分間ほど、切り目がこんがりとするまで焼く。

フライパンマフィン

外はカリッと香ばしく、中はしっとりフワフワ。
フライパンで焼き上げるイングリッシュマフィンです。
コーンミールのかわりに白ごまでも。

材料（4コ分）

A 地粉（中力粉）… 150g
　　ドライイースト … 小さじ2/3 (2g)
　　てんさい糖 … 10g

B ぬるま湯（約40℃）*1 … 40〜50g
　　無調整豆乳 … 40g

C 植物油 … 大さじ1 1/4 (15g)
　　海塩 … 約小さじ1/2 (2.5g)

コーンミール*2 … 適量
植物油 … 適量

*1 夏は常温の水。
*2 とうもろこしを乾燥させて
ひいたもの。省いてもよい。
白ごまで代用しても。

側面にフォークを
刺して一周し、
ザックリと割って！

1.

粉類と水分を合わせる

ポリ袋に **A** を入れ、空気を入れて口をねじり、軽く振って混ぜる。**B** を混ぜて加え、再び空気を入れて口をねじり、粉っぽさがなくなるまで強く振る。

2.

もむ

袋の空気を抜き、袋の上から1〜2分間もみ、5分間おく。**C** を加え、油がなじんで生地が袋からはがれるまでしっかりと10分間ほどもむ。

3.

発酵後

一次発酵させる

袋の空気をしっかりと抜いて口をねじり、きつく結ぶ。袋がパンパンにはるまで、暖かい場所に1時間ほどおいて発酵させる。

4.

形をつくる

生地を取り出し、カードかナイフで4等分にし、切り口を中に入れるように軽く丸める。袋に戻して10分間ほど休ませて、丸め直す。両面にコーンミール少々をつけ、手で押して平たくする。

5.

発酵後

二次発酵させる

フライパンに植物油を薄くひいて温め、火を止めて少し冷ます。まだほんのりと温かいうちに生地を並べてふたをし、一回り大きくなるまで、30分間ほどおいて発酵させる。

6.

焼く

ふたをしたままフライパンをごく弱火にかける。5分間ほどして、生地がプーッとはってきたら、上下を返す。再びふたをして、時々上下を返しながら10分間ほど焼き、両面に焼き色をつける。

じゃがいもパン

モチモチの柔らかさと素朴な味わいの食事パンです。
皮は香ばしく、じゃがいものうまみがたっぷり。
よく温めた天板にのせて、ふっくらと焼き上げましょう。
オリーブ油＆海塩をつけて食べるとおいしい。
つくり方 P.24

じゃがいもパン (P.22)

材料 (2コ分)

じゃがいも(皮をむいてゆでたもの)*
 … 正味100g
水 … 60〜70g
A
 | ドライイースト … 小さじ⅔(2g)
 | てんさい糖 … 5g
地粉(中力粉)… 150g
B
 | オリーブ油 … 小さじ2(8g)
 | 海塩 … 約小さじ½(2.5g)
オリーブ油 … 小さじ⅓

＊男爵、メークインなど。
ゆでたての温かいもの。

準備

・オーブン用の紙を20×15cmに
 2枚切る。

1.

じゃがいもをつぶす

じゃがいもは温かいうちにポリ袋に入れ、袋の上からコップの底などでよくつぶす。分量の水を加えてなじませ、粗熱を取る。**A**を加え、なじませる。

2.

粉を加えて、もむ

地粉を加え、粉っぽさがなくなるまで袋の上から1〜2分間もむ。**B**を加え、油がなじんで生地が袋からはがれてくるまでしっかりと7〜8分間もむ。

⇒もむうちに堅い生地が柔らかくなります。

6.

平らにする

オーブン用の紙に生地を取り出し、軽く押して平らにする。

7.

巻く

手前から向こう側へクルリときつめに巻く。

3.

一次発酵させる

袋の空気をしっかりと抜いて口をねじり、きつく結ぶ。袋がパンパンにはるまで、暖かい場所に30～45分間ほどおいて発酵させる。

4.

丸める

生地を取り出し、カードかナイフで2等分にする。オリーブ油少々（分量外）をつけた手で、切り口を中に入れるように軽く丸める。

5.

休ませる

ポリ袋に生地を戻し入れ、常温で10～15分間休ませる。

⇒丸めた生地がゆるむまで、暖かい時季は約10分間、寒い時季は約15分間休ませましょう。

8.

閉じる

巻き終わりの合わせ目をつまんで閉じる。合わせ目を下にして置き、紙ごとポリ袋に戻し入れる。

9.

二次発酵させる

1.5倍くらいの大きさになるまで、暖かい場所に30～45分間ほどおいて発酵させる。オーブンに天板を入れて200℃に温める。

10.

200℃／20分

切り目を入れて焼く

生地の中央にナイフで縦に1本切り目（クープ）を入れ、オリーブ油をたらす。予熱したオーブンから天板を出し、タオルや布巾の上に置く（やけどに注意）。すぐに生地を紙ごと天板にのせ、200℃のオーブンでこんがりとするまで20分間ほど焼く。

さつまいもロールパン

さつまいもの力を使ってつくる、ふんわりと口溶けのよいパン。
まるで卵やバターが入っているかのようなリッチな味わいです。
さつまいもたっぷりですが、風味はほのかに感じる程度で、
言われないと気がつかないかもしれません。

つくり方 P.28

さつまいもロールパン (P.26)

材料（6コ分）

さつまいも（皮をむいてゆでたもの）*
　… 正味100g

無調整豆乳 … 50〜60g

A
　ドライイースト … 小さじ⅔（2g）
　てんさい糖 … 10g

地粉（中力粉）… 150g

B
　植物油 … 大さじ 1¼（15g）
　海塩 … 2g

＊金時、紅あずまなど。
ゆでたての温かいもの。

準備

・オーブン用の紙を天板に敷く。

1.

さつまいもをつぶす

さつまいもは温かいうちにポリ袋に入れ、袋の上からコップの底などでよくつぶす。豆乳を加えてなじませ、粗熱を取る。**A**を加え、なじませる。

2.

粉を加えて、もむ

地粉を加え、粉っぽさがなくなるまで袋の上から1〜2分間もむ。**B**を加え、油がなじんで生地が袋からはがれてくるまでしっかりと7〜8分間もむ。

⇒もむうちに堅い生地が柔らかくなります。

6.

円すい形にする

生地の片側をクルリと巻き（上）、円すい形に整える（下）。天板に戻してラップをする。

⇒生地は作業する間にゆるむので、ゆるんだ順（丸めた順）に成形します。

7.

のばす

円すい形にした順に生地をのばす。巻き終わりが上に、太いほうが奥になるように置き、麺棒で20cm長さにのばす。

3.

発酵後

一次発酵させる

袋の空気をしっかりと抜いて口をねじり、きつく結ぶ。袋がパンパンにはるまで、暖かい場所に30〜45分間ほどおいて発酵させる。

4.

丸める

生地を取り出し、カードかナイフで6等分にし、切り口を中に入れるように丸める。丸めた順にオーブン用の紙を敷いた天板に並べてラップをする。

⇒生地を成形する間は天板に置き、常にラップをかけて乾燥を防ぎます。

5.

平らにする

生地を丸めた順に取り出して軽くつぶし、平らにする。

8.

形をつくる

生地を奥から手前にクルクルと巻き、天板に戻してラップをする。

9.

発酵前

二次発酵させる

ラップを外し、固く絞ったぬれ布巾を生地にのせ、その上にラップをする。1.5倍くらいの大きさになるまで暖かい場所に30〜45分間ほどおいて発酵させる。オーブンを190℃に温める。

⇒ぬれ布巾のかわりに、紙タオルを生地にのせ、霧吹きをしても。

10.

発酵後

190℃／15分

焼く

ラップとぬれ布巾を取り、190℃のオーブンで表面に焼き色がつくまで15分間ほど焼く。

新たまねぎフォカッチャ

フカフカの生地に、新たまねぎの香ばしい風味と
みずみずしい甘さがアクセント。
春が過ぎたら、たまねぎでもつくれます。

材料（1コ分）

A 地粉（中力粉）… 150g
　ドライイースト … 小さじ⅔（2g）
　てんさい糖 … 7g
ぬるま湯（約30℃）* … 80〜90g
B オリーブ油 … 大さじ1¼（15g）
　海塩 … 約小さじ½（2.5g）
オリーブ油 … 適量

新たまねぎ … ½コ（100g）
C 海塩・黒こしょう（粗びき）… 各適量
＊夏は常温の水。

準備
・新たまねぎはつくる30分前に冷蔵庫から出
　し、縦に薄切りにする。
・オーブン用の紙を天板の大きさに切る。

1.

ポリ袋で生地をつくる

へたパン（P.14〜15）の**1**〜**5**と同様
に生地をつくる。

2.

発酵後

一次発酵させる

袋がパンパンにはるまで、暖かい場
所に40分〜1時間ほどおいて発酵
させる。

3.

新たまねぎをのせて巻く

オーブン用の紙に生地を取り出し
てラップをかけ、その上から麺棒で
5mm厚さにのばす。生地の表面に
オリーブ油を薄く塗り、新たまねぎ
の¾量をのせ、手前からゆるく巻く。

4.

形をつくる

巻き終わりと両端の合わせ目をつま
んで閉じる（上）。巻き終わりを下に
して置き、ラップをかける。その上
から麺棒で1cm厚さ、20×15cmの
長方形にのばす（下）。

5.

発酵後

二次発酵させる

ラップをかけたまま紙ごと天板にの
せ、1.5倍くらいの大きさになるまで、
暖かい場所に30〜45分間ほどおい
て発酵させる。オーブンを200℃に
温める。

6.

200℃／15〜20分

焼く

ラップを外して生地の表面にオリー
ブ油を薄く塗り、10か所ほど指でく
ぼみをつける。残りの新たまねぎを
のせ、**C**をふる。200℃のオーブンで
15〜20分間、こんがりと焼く。

豆腐ベーグル

豆腐で柔らかく仕上げた、
子どもやシニアも食べやすいベーグルです。
翌日少し堅くなったら、
半分に切って軽く焼くのがおすすめ。

つくり方 P.34

プレッツェル

ドイツパンの「プレッツェル」を地粉でつくると、
外はパリパリで、中はふんわりと柔らか。
とても食べやすく、味わい豊かに仕上がります。
焼きたてがいちばんおいしい！

つくり方 P.36

33

豆腐ベーグル（P.32）

材料（4コ分）

A
- 地粉（中力粉）… 150g
- ドライイースト … 小さじ½（1.5g）
- てんさい糖 … 10g

絹ごし豆腐 … 75g
ぬるま湯（約40℃）… 15〜25g

B
- 植物油 … 小さじ1½（6g）
- 海塩 … 約小さじ½（2.5g）

C
- 水 … 1ℓ
- てんさい糖 … 大さじ2

準備

・豆腐はつくる30分前に
　冷蔵庫から出す。
・オーブン用の紙を12cm四方に
　4枚切る。

1.

粉類を混ぜる

ポリ袋に**A**を入れ、空気を入れて口をねじり、軽く振って混ぜる。

2.

豆腐と水分を加える

豆腐と分量のぬるま湯を加え、よくなじむまで袋の上から5分間ほどもみ、10分間休ませる。**B**を加え、油がなじんで生地が袋からはがれて、ほんのり温かくなるまで10分間ほどもむ。

6.

発酵後

発酵させる

オーブン用の紙に生地をのせ、ふんわりとラップをかける。一回り大きくなるまで、暖かい場所に30分間ほどおいて発酵させる。オーブンを200℃に温める。

⇒生地が乾燥しないように気をつけて。

7.

ゆでる

フライパンに**C**を入れて沸かし、**6**を紙を上にして紙ごと入れる。紙をはがし（やけどに注意）、弱めの中火で30秒間ゆでる。上下を返して30秒間ゆで、はがした紙に取り出す。

3.

丸めて休ませる

生地を取り出し、カードかナイフで4等分にし、切り口を中に入れるように丸める。ポリ袋に間隔をあけて戻し入れ、10分間ほど休ませる。

4.

平らにつぶして巻く

生地を取り出して手で平らにつぶし、直径15cmの円形にする。手前からクルクルときつく巻き、軽く転がして20cm長さの棒状にのばす。

5.

形をつくる

生地の片方の先をつぶし(上)、もう片方につないで輪にする(下)。

8.

200℃／12〜14分

焼く

生地を紙ごと天板にのせ、200℃のオーブンで12〜14分間、表面に焼き色がつくまで焼く。

ベーグルには、豆乳クリームチーズ(P.98)がおすすめ！メープルシロップやはちみつでスイーツ風に楽しんでも！

プレッツェル (P.33)

材料（4コ分）

A
地粉（中力粉）… 150g
ドライイースト … 小さじ½ (1.5g)
ぬるま湯（約40℃）… 40〜50g
無調整豆乳 … 30g
メープルシロップ … 10g

B
植物油 … 大さじ1 (12g)
海塩 … 約小さじ½ (2.5g)

C
水 … 1ℓ
重曹 … 約大さじ2 (30g)
海塩 … 適量

準備

・オーブン用の紙を12cm四方に
4枚切り、天板に敷く。

1.

ポリ袋で生地をつくる

へたパン（P.14〜15）の**1**〜**5**と同様
に生地をつくる。ただし、ぬるま湯
と一緒に、豆乳とメープルシロップ
を加える。

2.

発酵後

一次発酵させる

袋の空気をしっかりと抜いて口をね
じり、きつく結ぶ。袋が軽くはって
くるまで、暖かい場所に30分間ほ
どおいて発酵させる。

6.

ねじる

生地の両端を持って手前で交差さ
せ、ねじる。

7.

形をつくる

ねじった生地の両端を向こう側の
生地にくっつける。

8.

発酵後

二次発酵させる

天板に敷いたオーブン用の紙に生
地をのせ、ラップをする。一回り大
きくなるまで、暖かい場所に20〜
30分間ほどおいて発酵させる。オー
ブンを210℃に温める。

3.

丸めて休ませる

生地を取り出し、カードかナイフで4等分にし、切り口を中に入れるように丸める。ポリ袋に間隔をあけて戻し入れ、10分間ほど休ませる。

4.

平らにつぶして巻く

生地を取り出して手で平らにつぶし、直径15cmの円形にする。手前からクルクルときつく巻く。

⇒生地は乾燥しないように、巻いたらすぐにラップをかけましょう。

5.

のばす

生地を1コずつ両手で転がし、50cm長さにのばす。

⇒生地がのばしにくければ、ラップをかけて休ませながらのばしましょう。

9.

ゆでる

鍋に**C**を入れて沸かし、ごく弱火にする。**8**を1コ、紙を下にして紙ごと入れ、スプーンで湯をかけながら15〜20秒間ゆでる。フライ返しなどで紙ごと取り出して湯をきり、天板に戻す。残りも同様にする。

10.

切り目を入れる

生地に海塩をふり、太い部分に、ナイフで横に1本切り目（クープ）を入れる。

11.

210℃／12分

焼く

210℃のオーブンでこんがりとするまで12分間ほど焼く。

グリッシーニ

イタリア発祥のグリッシーニは、
ワインによく合うスティック状のパン。
サクッと軽い食感です。
発酵は1回、成形はねじるだけで簡単です。
つくり方 P.40

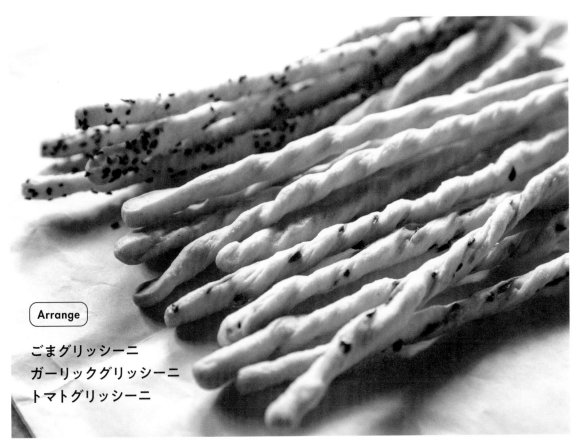

Arrange

ごまグリッシーニ
ガーリックグリッシーニ
トマトグリッシーニ

アボカドディップ

豆乳ヨーグルトディップ

グリッシーニ (P.38)

材料 (16本分)

A
- 地粉 (中力粉) … 100g
- ドライイースト … 小さじ½ (1.5g)
- てんさい糖 … 5g
- 海塩 … 2g

B
- ぬるま湯 (約30℃)＊ … 40〜45g
- オリーブ油 … 大さじ1 (12g)

オリーブ油 … 適量

＊ 夏は常温の水。

準備
・天板にオーブン用の紙を敷く。

Arrange

スナック感覚で 好みのテイストに

[ごまグリッシーニ]
グリッシーニのつくり方 **1** で
Aと一緒に黒ごま15gを入れ、
あとは同様につくる。

[ガーリックグリッシーニ]
グリッシーニのつくり方 **1〜6**と
同様につくり、焼き上がったら、
ガーリックパウダー適量をふる。

[トマトグリッシーニ]
ドライトマトのオリーブ漬け (市販)
15gは油をきり、粗みじんに切る。
グリッシーニのつくり方 **1** で
Aと一緒に入れ、あとは同様につくる。

1.

粉類と水分を合わせる

ポリ袋に **A** を入れ、空気を入れて口
をねじり、軽く振って混ぜる。**B**を
合わせて加え、再び空気を入れて口
をねじり、粉っぽさがなくなるまで
1分間ほど強く振る。

⇒水と油を合わせてから粉と混ぜると、サクサクの食感になります。

2.

もむ

袋の空気を抜き、油がなじんで生地
が袋からはがれるまで、袋の上から
4〜5分間もむ。

4.

切って油を塗る

生地を取り出し、麺棒で15×20cm
の長方形にのばす。縦長に置いて
ナイフで縦16等分に切り、はけで
オリーブ油を薄く塗る。

5.

形をつくる

生地を1本ずつ、両端を持ってクル
クルとねじり、オーブン用の紙を敷
いた天板に並べる。

3.

発酵後

発酵させる

袋の空気をしっかりと抜いて口をねじり、きつく結ぶ。袋が軽くはるまで、暖かい場所に30〜40分間ほどおいて発酵させる。オーブンを160℃に温める。

⇒冬につくる場合は、暖かい場所に40〜50分間おいて発酵させてください。

6.

160℃／30〜35分

焼く

160℃のオーブンで30〜35分間、ほんのりと焼き色がつくまで焼く。

Column

グリッシーニのお供に

グリッシーニはそのままでも楽しめますが、ディップをつけると、おいしさ倍増!

アボカド ディップ

ねっとりとクリーミーなアボカドのディップ。レモンの酸味で爽やかさをプラス。

材料(つくりやすい分量)
アボカド … 1コ(正味150g)
A｜オリーブ油・レモン汁 … 各小さじ2
　｜海塩 … 1つまみ

1. アボカドは縦半分に切って種と皮を除く。ボウルに入れ、フォークなどでつぶす。
2. 1にAを加えて混ぜ合わせる。

....

豆乳ヨーグルト ディップ

塩こうじのうまみ、にんにくのパンチがきいたディップ。野菜スティックにも合います。

材料(つくりやすい分量)
豆乳プレーンヨーグルト(無糖) … 200g
A｜塩こうじ … 大さじ1
　｜オリーブ油 … 大さじ1⅔(20g)
　｜にんにく(すりおろす) … 少々
オリーブ油・黒こしょう(粗びき) … 各適量

1. ざるに紙タオルを敷いてボウルに重ね、豆乳ヨーグルトを入れる。冷蔵庫に一晩(8〜10時間)おき、水けをきる(約100gになる)。
2. Aを加えて混ぜ合わせる。器に盛り、オリーブ油をかけ、黒こしょうをふる。

2章
ボウルで
つくるパン

ボウルで生地をつくるレシピは
2つのタイプがあります。
ボウルの中でこねるフワフワパンと、
こねずにまぜまぜするだけのもちふわパン。
どちらも口当たりのよい柔らかさです。

ボウルでつくるポイント

① ボウルの中でこねるので、力いらずで楽！
直径20cmくらいの
清潔なボウルを使います。

② 生地をこねるときは、途中で休ませます。
こね続けるより早くきれいにまとまり、
余計な力を使わなくても、フワフワに！

③ こねない「まぜまぜパン」は、
生地がベタベタしてくるまで
しっかりと混ぜてから発酵させます。

④ 水分が少ない生地は、
ドライイーストを水分で溶かしてから
粉に加えると、均一に混ざります。

まぜまぜ豆乳パン

材料をまぜまぜし、パウンド型に流して焼くだけの簡単パン。
口溶けのよさと、地粉ならではのもちふわ感が楽しめます。
サンドイッチによく合う、やさしい味わいです。

つくり方 P.46

豆乳発酵バター（P.98）をのせると、
高級食パンにも引けを取らないほど
リッチな味わいに！

まぜまぜ豆乳パン (P.44)

材料
(18×7.5×高さ6.5cmのパウンド型1台分)

A
- 地粉 (中力粉) … 150g
- ドライイースト … 小さじ½ (1.5g)
- てんさい糖 … 15g
- ぬるま湯 (約40℃) … 60g
- 無調整豆乳 … 60g

B
- 植物油 … 大さじ1¼ (15g)
- 海塩 … 約小さじ½ (2.5g)
- 片栗粉 … 小さじ1

準備
・パウンド型にオーブン用の紙を
　側面より1cm高くなるように敷く。

1.

粉類と水分を合わせる
ボウルに**A**を入れてゴムべらでサッと混ぜる。中央をくぼませ、ぬるま湯と豆乳を加える。

2.

混ぜる
粉っぽさがなくなるまで、中央からグルグルと1〜2分間混ぜる。

⇒ここで混ぜすぎると、**4**で油がなじみにくくなるので注意。

6.

発酵前

型に入れる
生地をゴムべらで軽く混ぜてガスを抜き、オーブン用の紙を敷いたパウンド型に流し入れる。

7.

発酵後

二次発酵させる
型にラップをし、型の八分目程度にふくらむまで、暖かい場所に45分〜1時間ほどおいて発酵させる。オーブンを190℃に温める。

⇒ただし、たんぱく質含有量の少ない地粉(9%以下)の場合は、型の七分目程度までふくらませましょう。

3.

油と塩を加える

Bを加える。

4.

混ぜる

油がなじむまで、ゴムべらでボウル
にこすりつけるようにして6〜7分
間、しっかりと混ぜる。

⇒少し生地がベタベタしてくるまで、よく
混ぜましょう。

5.

発酵後

一次発酵させる

ボウルにラップをし、1.5倍くらい
の大きさになるまで暖かい場所に1
時間ほどおいて発酵させる。

8.

190℃／20〜25分

焼く

ラップを外し、天板に置く。片栗粉
を茶こしで表面全体にふり、190℃
のオーブンで20〜25分間焼く。

まぜまぜにんじんパン

まぜまぜ豆乳パンの水分をにんじんの搾り汁にした、
色鮮やかなパン。ほんのりとやさしい甘みで、
にんじんが苦手な子どもにもおすすめです。

材料 (18×7.5×高さ6.5cmのパウンド型1台分)

にんじん … 1本 (200g)

ぬるま湯 (約40℃) … 適量

A 地粉 (中力粉) … 150g
　　 ドライイースト … 小さじ½ (1.5g)
　　 てんさい糖 … 15g

B 植物油 … 大さじ1¼ (15g)
　　 海塩 … 約小さじ½ (2.5g)

片栗粉 … 小さじ1

準備

・パウンド型にオーブン用の紙を側面より
　1cm高くなるように敷く。

1.

搾りかす　　　搾り汁

にんじんをすりおろす

にんじんはすりおろし、手で搾って汁をボウルにとる。搾り汁にぬるま湯を足し、120mℓにする。

2.

生地をつくる

まぜまぜ豆乳パン（P.46〜47）の**1**〜**4**と同様にする。ただし、「ぬるま湯と豆乳」は**1**の搾り汁にかえる。

3.

発酵後

一次発酵させる

ボウルにラップをし、1.5倍くらいの大きさになるまで、暖かい場所に1時間ほどおいて発酵させる。

4.

型に入れる

生地をゴムべらで軽く混ぜてガスを抜き、オーブン用の紙を敷いたパウンド型に流し入れる。

5.

発酵後

二次発酵させる

まぜまぜ豆乳パン（P.46）の**7**と同様に発酵させる。オーブンを190℃に温める。

6.

190℃／20〜25分

焼く

ラップを外して天板に置く。片栗粉を茶こしで表面全体にふり、190℃のオーブンで20〜25分間焼く。

搾りかすも栄養があるので活用しましょう。

Column

搾りかすを使った　にんじんりんごジャム

材料（つくりやすい分量）

A

にんじんの搾りかす（上記）… 全量
りんご（皮をむいて薄切り）… 1コ分

レモン汁 … **A**の重量の5％
てんさい糖 … **A**の重量の30〜40％
海塩 … 少々

1. 鍋に**A**、レモン汁、水カップ1を入れて中火で煮立たせ、アクを取る。ふたをして弱火にし、にんじんが柔らかくなるまで20分間ほど煮る。
2. ふたを外し、木べらでつぶしながら水分をとばす。てんさい糖、海塩を加え、とろみがつくまで煮て火を止める。

保存：清潔な保存瓶に入れて冷蔵庫で約1週間

49

豆腐のふんわりコッペパン

表面はカリッと香ばしく、中はふんわりと柔らか。
生地に豆腐を加えて焼くのがポイントです。
好みの具材をはさんで、コッペパンサンドを楽しみましょう。
同じ生地で、白パンやドーナツもできます。

つくり方 P.52

おすすめは、あんバターサンド。
コッペパンにあんこ適量を塗って、
豆乳発酵バター(P.98)をのせます。

豆腐のふんわりコッペパン (P.50)

材料（3コ分）

A
  絹ごし豆腐 … 75g
  てんさい糖 … 15g
熱湯 … 25〜35g

B
  地粉（中力粉）… 150g
  ドライイースト … 小さじ⅔（2g）

C
  植物油 … 大さじ1¼（15g）
  海塩 … 約小さじ½（2.5g）

準備

・オーブン用の紙は天板より少し
　大きめに切ってから縦3等分に切る。

1.

豆腐をつぶす

ボウルに **A** を入れ、ゴムべらで豆腐をつぶしながら、よく混ぜる。分量の熱湯を加えて混ぜる。

2.

粉類を加えて混ぜる

B を加えてよく混ぜる。粉っぽさがなくなってから、さらに2分間ほど混ぜる。

6.

切って丸める

生地を取り出してカードかナイフで放射状に3等分にし、生地の切り口を中に入れるように軽く丸める。

7.

休ませる

生地を並べ、大きめのボウルをかぶせて10分間ほど休ませる。

⇒丸めたあとに休ませると、生地がゆるみ、形をつくりやすくなります。

8.

平らにする

オーブン用の紙に生地を1コずつのせ、手で押して平らにする。

3.

油と塩を加え、こねる

Cを加え、生地を外側から中央に入れ込むように3分間ほどこねる。

4.

休ませて、再びこねる

ボウルにラップをして5分間ほど休ませる。なめらかになるまで、さらに2分間ほどこねる。

⇒5分間ほど休ませてから再びこねると、こね続けるより早くきれいにまとまります。

5.

発酵後

一次発酵させる

生地を取り出して丸め、ボウルに戻す。ボウルにラップをし、2倍くらいの大きさになるまで、暖かい場所に1時間ほどおいて発酵させる。

9.

形をつくる

手前からクルクルと巻く。巻き終わりが中央になるように置き、指で合わせ目をつまんで閉じる。

10.

発酵前

二次発酵させる

合わせ目を下にして置き、紙ごと天板にのせる。表面にふんわりとラップをして、1.5倍くらいの大きさになるまで、暖かい場所に30〜45分間ほどおいて発酵させる。オーブンを190℃に温める。

11.

発酵後

190℃／12〜13分

焼く

ラップを取り、190℃のオーブンで12〜13分間、こんがりとするまで焼く。

豆腐のふんわり白パン

豆腐のふんわりコッペパンの生地を低温で焼くと、
物語に出てくるハイジの白パンに。
ほんのり甘く、まるで赤ちゃんの肌のようにふんわり柔らか。

材料(4コ分)
A 絹ごし豆腐 … 75g
　てんさい糖 … 15g
熱湯 … 25〜35g
B 地粉 (中力粉) … 150g
　ドライイースト … 小さじ⅔ (2g)

C 植物油 … 大さじ1¼ (15g)
　海塩 … 約小さじ½ (2.5g)
片栗粉 … 小さじ1

準備
・オーブン用の紙を12cm四方に4枚切る。

1.

発酵後

生地をつくる

豆腐のふんわりコッペパン (P.52〜53) の1〜5と同様に生地をつくる。

2.

切って丸める

生地を取り出し、カードかナイフで4等分にする。生地の切り口を中に入れるように軽く丸め、表面にラップをして10分間ほど休ませる。

3.

片栗粉をふる

生地を軽く丸め直してオーブン用の紙にのせ、片栗粉を茶こしで生地4コの表面全体にふる。

⇒片栗粉をふると麺棒に生地がくっつかず、生地の乾燥も防げます。

4.

形をつくる

生地の中央に麺棒をギュッと押しつけて前後に少し動かし、くぼみをつける。

5.

発酵前

二次発酵させる

生地を紙ごと天板にのせ、表面にふんわりとラップをして、1.5倍くらいの大きさになるまで、暖かい場所に30〜45分間ほどおいて発酵させる。オーブンを160℃に温める。

6.

160℃／12〜13分

焼く

ラップを取り、160℃のオーブンで12〜13分間、ほんのりと焼き色がつくまで焼く。

豆腐のふんわり
ドーナツ

豆腐のふんわりコッペパンと同じ生地を油で揚げるとドーナツに。
ペットボトルのキャップで穴を開けるので、成形が簡単です。

つくり方 P.58

ココアドーナツ、きな粉ドーナツ
抹茶ドーナツ、シナモンドーナツ

豆腐のふんわりドーナツ (P.56)

材料 (6コ分)

A
- 絹ごし豆腐 … 75g
- てんさい糖 … 15g

熱湯 … 25〜35g

B
- 地粉 (中力粉) … 150g
- ドライイースト … 小さじ⅔ (2g)

C
- 植物油 … 大さじ1¼ (15g)
- 海塩 … 2g

植物油 … 適量

てんさい糖 … 適量

準備
- オーブン用の紙を
  10cm四方に6枚切る。
- ペットボトルのキャップは洗って
  水けを拭く。

1.

発酵後

生地をつくる

豆腐のふんわりコッペパン (P.52〜53)の**1〜5**と同様に生地をつくる。

2.

6等分にする

生地を取り出し、カードかナイフで6等分にする。

6.

発酵後

二次発酵させる

5の生地を並べて表面にふんわりとラップをし、一回り大きくなるまで、暖かい場所に20〜30分間おいて発酵させる。

7.

揚げる

フライパンに植物油を2cm深さまで入れて150℃に熱し、**6**を紙を下にして紙ごと入れる。生地の穴から箸でつついて紙をはがし、紙は取り出す(やけどに注意)。

3.

丸める

生地の切り口を中に入れるように丸める。

4.

休ませる

表面にラップをして10分間ほど休ませる。

5.

穴を開ける

オーブン用の紙に生地を1コずつのせ、手で押して平らにする。生地の中央にキャップをのせ、ギュッと押して穴を開ける。キャップに詰まった生地は取り出し、端に置く。

8.

上下を返す

時々上下を返して4分間ほどこんがりと揚げ、油をきる。

9.

てんさい糖をまぶす

ポリ袋にてんさい糖を入れる。ドーナツが温かいうちに加え、空気を入れて口をねじり、軽く振ってまぶす。

Arrange

フレーバーシュガーで好みのテイストに

ドーナツにまぶすてんさい糖に、ココアパウダー（無糖）、きな粉、抹茶、シナモンパウダーなど好みのフレーバーパウダーを加えて楽しみましょう。

塩こうじパン

塩こうじパワーで熟成した味わいに！
生地の表面にも塩こうじを塗って
香ばしくパリッと仕上げましょう。

材料（6コ分）
塩こうじ液
　塩こうじ … 20g
　熱湯 … 75〜85g
　てんさい糖 … 5g
　ドライイースト … 小さじ⅔(2g)
地粉（中力粉）… 150g
オリーブ油 … 小さじ1(4g)
A　オリーブ油 … 小さじ2(8g)
　　塩こうじ … 小さじ½

準備

・塩こうじ液をつくる（写真右）。
　耐熱グラスに塩こうじと熱湯を混ぜて
　約35℃に冷まし、てんさい糖を加えて混ぜる。
　ドライイーストをふり入れ、
　よく混ぜて溶かす。

　⇒塩こうじに熱湯を混ぜると生地がべたつかず、
　中がふんわりと仕上がります。
　ただしドライイーストは人肌程度（約35℃）に
　冷ましてから加えます。

・オーブン用の紙を10cm四方に6枚切る。

60

1.

粉と塩こうじ液を混ぜる

ボウルに地粉を入れて中央をくぼませ、塩こうじ液を加える。中央からゴムべらでグルグルと2～3分間、粉っぽさがなくなるまでよく混ぜる。

2.

こねる

オリーブ油を加え、生地を外側から中央に入れ込むように3分間ほどこねる。ボウルにラップをして5分間ほど休ませる。なめらかになるまで、さらに2分間ほどこねる。

3.

一次発酵させる

生地を取り出して丸め、ボウルに戻す。ボウルにラップをし、1.5倍くらいの大きさになるまで、暖かい場所に1時間ほどおいて発酵させる。

4.

切って丸める

生地を取り出し、カードかナイフで6等分にする。生地の切り口を中に入れるように軽く丸め、オーブン用の紙に1コずつのせる。

5.

二次発酵させる

紙ごと天板に並べてラップをし、1.5倍くらいの大きさになるまで、暖かい場所に30～45分間おいて発酵させる。オーブンを180℃に温める。

6.

焼く

Aを混ぜ合わせ、生地の表面に塗る。180℃のオーブンで12～13分間、表面がこんがりとするまで焼く。

⇒ Aはゆっくりと数回塗り重ねると、表面にきれいにつきます。

豆乳メープルパヴェ

表面はサクッ、中はフワッとやさしい食感。
「パヴェ」はフランス語で「石畳」。
ほんのりと甘く、四角い形が愛らしいパンです。
つくり方 P.64

ミルキーなパヴェには、
甘酸っぱい紅玉ジャム (P.99)
がおすすめ！

豆乳メープルパヴェ (P.62)

材料(9コ分)
イースト液
- 無調整豆乳 … 65〜75g
- メープルシロップ … 35g
- ドライイースト … 小さじ⅔(2g)
- 植物油 … 大さじ1⅔(20g)

地粉(中力粉) … 150g
海塩 … 約小さじ½(2.5g)

A
- 無調整豆乳 … 小さじ½
- メープルシロップ … 小さじ½

準備
・オーブン用の紙を天板と
　同じ大きさに切る。

1.

イースト液をつくる

耐熱グラスに豆乳とメープルシロップを入れ、グラスの底を熱湯につけて人肌程度(約35℃)に温め、湯から外す。ドライイーストをふり入れて2〜3分間おき、よく混ぜて溶かす。植物油を加えて混ぜる。

2.

粉にイースト液を加える

ボウルに地粉を入れて中央をくぼませ、**1**のイースト液を加える。

6.

のばす

生地を取り出し、麺棒で15×30cmくらいにのばす。

7.

三つ折りにする

三つ折りにしてラップで包み、冷蔵庫で10分間ほど休ませる。

⇒冷蔵庫で休ませると、生地が切りやすくなります。

3.

混ぜる

中央からゴムべらでグルグルと1～2分間、粉っぽさがなくなるまでよく混ぜる。

4.

こねる

海塩を加え、生地を外側から中央に入れ込むように3分間ほどこねる。ボウルにラップをして5分間ほど休ませる。なめらかになるまで、さらに2分間ほどこねる。

5.

発酵後

一次発酵させる

生地を取り出して丸め、ボウルに戻す。ボウルにラップをし、1.5倍くらいの大きさになるまで、暖かい場所に1時間ほどおいて発酵させる。

8.

切る

オーブン用の紙に生地をのせ、麺棒で1cm厚さにのばす。4辺の端をナイフで切り落とし、8等分にする。

⇒端を切り落とすと、きれいにふくらみます。切り落とした生地はまとめて丸め、一緒に焼きましょう。

9.

発酵後

二次発酵させる

紙ごと生地を天板にのせてラップをし、1.5倍くらいの大きさになるまで、暖かい場所に30～45分間おいて発酵させる。オーブンを190℃に温める。

⇒生地が冷えているので、しっかりと発酵させましょう。

10.

190℃／10分

焼く

Aを混ぜ合わせ、生地の表面に塗る。190℃のオーブンで10分間ほど、表面がこんがりとするまで焼く。

マントゥ

中華料理の定番、シンプルな蒸しパンです。
地粉でつくると粉自体の風味が濃く、
滋味深い味わいです。

材料 (6コ分)
イースト液
　　ぬるま湯 (約35℃) … 65〜75g
　　ドライイースト … 小さじ½ (1.5g)
A　地粉 (中力粉) … 150g
　　てんさい糖 … 15g
　　海塩 … 2g

植物油 … 小さじ2 (8g)
ベーキングパウダー… 小さじ½ (2g)

準備
・オーブン用の紙に数か所穴を開け、
　蒸し器に敷く。

1.

イースト液をつくる

イースト液の材料を混ぜてドライ
イーストを溶かす。

2.

粉類とイースト液を混ぜる

ボウルに**A**を入れてゴムべらでサッ
と混ぜ、中央をくぼませて**1**のイー
スト液と植物油を加える。中央から
グルグルと1〜2分間、粉っぽさが
なくなるまでよく混ぜる。

3.

こねる

生地を外側から中央に入れ込むよ
うに3分間ほどこねる。ボウルにラ
ップをして5分間ほど休ませ、ベー
キングパウダーを加えてさらに2分
間ほど、粉っぽさがなくなるまでこ
ねる。

4.

丸めて休ませる

生地を取り出して表面をきれいに
丸め、ボウルに戻す。ボウルにラッ
プをして常温で15分間休ませる。

5.

形をつくる

生地を取り出して丸め直し、カード
かナイフで放射状に6等分にする。
オーブン用の紙を敷いた蒸し器に
入れ、約60℃の湯を入れた鍋にの
せてふたをする。

6.

発酵後

発酵させて、蒸す

生地が一回り大きくなるまで約30
分間おいて発酵させる。蒸し器を
鍋から下ろし、鍋の湯を沸かす。再
び蒸し器をのせて強めの中火で10
分間蒸す。

花巻

マントゥが成功したら、花巻にチャレンジ！
花のような形も、竹串を使えば簡単につくれます。
地粉でつくると少しベージュ色になりますが、
フカフカの蒸したては、格別なおいしさです。

つくり方 P.70

花巻 （P.68）

材料（6コ分）
イースト液
　ぬるま湯（約35℃）… 65〜75g
　ドライイースト … 小さじ½（1.5g）
A
　地粉（中力粉）… 150g
　てんさい糖 … 15g
　海塩 … 2g
　植物油 … 大さじ1（12g）

準備
・オーブン用の紙に数か所穴を開け、
　蒸し器に敷く。

1.

粉類とイースト液を混ぜる

マントゥ（P.67）の **1〜2** と同様にイースト液をつくり、粉類と混ぜる。

2.

こねる

生地を外側から中央に入れ込むように3分間ほどこねる。ボウルにラップをして5分間ほどおき、さらに2分間ほどこねる。

6.

筋をつける

生地の中央を竹串で上からギュッと押さえ、筋をつける。

7.

のばす

1コずつ、生地の両端を持って軽くのばす。

8.

二つ折りにする

生地を横長に置き、中央に竹串を縦にのせ、二つ折りにする。

3.

丸めて休ませる

生地を取り出して表面をきれいに丸め、ボウルに戻す。ボウルにラップをして常温で15分間休ませる。

4.

三つ折りにする

生地を取り出し、麺棒で15×30cmくらいにのばして、植物油少々（分量外）を薄く塗る。生地を縦長に置き、手前と奥を内側にたたんで三つ折りにする。

5.

切る

カードかナイフで縦に6等分にする。

9.

ねじる

片手で生地の端を押さえ、竹串を好きな方向にねじる（上）。そのまま生地を置き、竹串を生地に押しつけて合わせ目を閉じ（下）、竹串を抜く。

⇒竹串はどの方向にねじっても大丈夫。どんな形でも、蒸せばかわいい形に。

10.

発酵後

発酵させる

オーブン用の紙を敷いた蒸し器に9の生地を入れ、約60℃の湯を入れた鍋にのせ、ふたをする。一回り大きくなるまで、30分間ほどおいて発酵させる。

11.

蒸す

蒸し器を鍋から下ろし、鍋の湯を沸かす。再び蒸し器をのせて強めの中火で10分間蒸す。

フライパンピタ

フライパンで手軽に焼けるピタパンです。
ポケットのような空洞ができるので、
カレーなど好みの具材をはさんで楽しみましょう！

つくり方 P.74

なすカレーパン

カレーは水分を少なめにして、粉でまとめるのがコツ。
生地はほんのりと甘く仕上げ、
カレーのスパイシーさを引き立てます。

つくり方 P.76

フライパンピタ (P.72)

材料 (4枚分)

A
- 地粉 (中力粉) … 150g
- ドライイースト … 小さじ⅓ (1g)
- てんさい糖 … 5g
- ぬるま湯 (約25℃) … 70〜75g

B
- 植物油 … 小さじ2 (8g)
- 海塩 … 2g

植物油 … 適量

準備
- オーブン用の紙を15cm四方に4枚切る。

1.

粉類と水分を混ぜる

ボウルに**A**を入れ、ゴムべらでサッと混ぜる。中央をくぼませ、分量のぬるま湯を加え、粉っぽさがなくなるまでよく混ぜる。

2.

こねる

Bを加え、生地を外側から中央に入れ込むように1〜2分間こねる。油がなじんだらボウルにラップをし、5分間ほど休ませる。なめらかになるまで、さらに1〜2分間こねる。

6.

円形にのばす

紙を回しながら、麺棒を生地の中心から外側に転がして、時々裏返しながら直径13〜14cmの円形にのばす。

⇒表面を傷つけないよう、生地は少しずつやさしくのばします。

7.

焼く

フライパンに植物油を薄く塗って弱火で温め、生地を1枚ずつ、きれいな面を上にして30秒間焼き、すぐに上下を返す。同様に何度か返しながら3〜4分間焼き、両面に焼き色をつける。

生地がうまくふくらまないときは？

3〜4分間たたないうちに生地がプーッとふくらんだら、火から下ろします。逆に3〜4分間たってもふくらまない場合は、切った断面にナイフで切り込みを入れると、手で簡単に開けます。

3.

発酵前

切って丸める

生地を取り出してカードかナイフで
4等分にし、生地の切り口を中に入
れるように軽く丸める。表面に植物
油を薄く塗り、保存容器に入れてふ
たをする。

4.

発酵後

冷蔵庫で発酵させる

冷蔵庫の野菜室に入れ、1.5倍くら
いの大きさになるまで、8時間以上
おいて発酵させる。
⇒生地がふくらんだあと、野菜室から冷蔵
室に移すと、もう1日長く保存できる。

5.

平らにする

オーブン用の紙に生地を置き、軽く
押して平らにする。

Arrange

おすすめのピタサンド

お総菜パン風、おやつパン風のどちらもおいしい。

**左：野菜と
サーモンピタサンド**

なすやズッキーニなどの焼き
野菜がよく合います。スモー
クサーモンやツナ、生野菜も
加えてボリュームアップ！

右：フルーツピタサンド

カシューナッツバター（P.99）
をポケットの内側に塗って、
好みのフルーツやチョコレー
トをはさむとスイーツ風に！

なすカレーパン (P.73)

材料 (6コ分)

A
- 地粉 (中力粉) … 150g
- てんさい糖 … 15g
- 海塩 … 2g

B
- ぬるま湯 (約30℃) … 70〜80g
- ドライイースト … 小さじ⅔ (2g)
- 植物油 … 大さじ1 (12g)

なすカレー (P.77) … 全量

植物油 … 適量

1.

粉類と水分を混ぜる

ボウルに**A**を入れてゴムべらでサッと混ぜる。中央をくぼませて**B**を加え、中央からグルグルと1〜2分間、粉っぽさがなくなるまでよく混ぜる。

2.

こねる

生地を外側から中央に入れ込むように3分間ほどこねる。ボウルにラップをして5分間ほど休ませ、さらに2分間ほどこねる。

6.

包む

生地を半分に折って両端をしっかりとくっつけ、合わせ目を閉じる。合わせ目を下にして置き、ラップはせずに15分間ほど休ませる。

7.

揚げる

フライパンに植物油を3cm深さに入れて160〜170℃に熱し、**6**を入れる。時々上下を返しながら、こんがりとするまで3分間ほど揚げる。

3.

発酵後

発酵させる

生地を取り出して丸め、ボウルに戻す。ボウルにラップをし、1.5倍くらいの大きさになるまで、暖かい場所に1時間ほどおき、発酵させる。

4.

だ円形にのばす

生地を取り出し、カードかナイフで6等分にする。切り口を中に入れるように丸め、バットに並べてラップをし、10分間休ませる。生地を1コずつ麺棒で12cm長さのだ円形にのばす。

5.

なすカレーをのせる

なすカレーを⅙量ずつ、4の中央にのせる。

なすカレー

なすがトロリととろけて絶品！　カレー粉は好みで加減してください。

材料（つくりやすい分量）
なす … 2コ（160g）
A
│ 植物油 … 大さじ1
│ たまねぎ（みじん切り）
│ 　… ½コ分（100g）
│ にんにく（みじん切り）… 1かけ分
植物油 … 大さじ1
B
│ カレー粉 … 大さじ1½
│ 地粉 … 大さじ1強
C
│ トマトケチャップ … 大さじ2
│ しょうゆ … 大さじ1

1. なすは1cm角に切り、サッと水にさらして水けをよくきる。
2. フライパンに**A**を入れ、中火でしんなりするまで炒める。
3. **2**に植物油、なすを加えてしんなりするまで炒め、**B**を加えて炒める。**C**を加えて混ぜ、全体がまとまったら火から下ろす。

イーストパンケーキ

発酵風味がおいしい、もちふわのパンケーキ。
重曹をほんの少し加えて軽い食感に仕上げます。
弱火でゆっくり焼くと、ふんわりとふくらみます。

豆乳発酵バター（P.98）や
カシューナッツバター（P.99）
がよく合います！

材料（4枚分）

A

- 地粉（中力粉）… 100g
- てんさい糖 … 15g
- ドライイースト … 小さじ⅔（2g）
- 重曹 … 1g
- 海塩 … 1g

B

- 無調整豆乳 … 150g
- 植物油 … 大さじ1（12g）

植物油 … 適量

準備

- 豆乳は湯煎（100℃）にかけて人肌程度（約35℃）に温める。

1.

粉類と水分を混ぜる

ボウルに**A**を入れ、泡立て器でよく混ぜる。中央をくぼませ、**B**を順に加える。つやが出てなめらかになるまで、2分間ほど中央からグルグルとよく混ぜる。

2.

発酵前

発酵させる

ボウルにラップをし、1.5倍くらいの大きさになって、生地に気泡がたくさん入るまで、暖かい場所に40分〜1時間おいて発酵させる。

3.

発酵後

軽く混ぜる

シャバシャバだった生地が、発酵後はプクッとふくらんでゆるく固まる。泡立て器か玉じゃくしで軽く混ぜる。フライパンに植物油を薄くひいて温め、火を止めて粗熱を取る。

4.

円形に広げる

フライパンに**3**の生地の¼量を入れ、玉じゃくしの背で直径12〜13cmの円形に広げる。

⇒油をいったん冷ますと、きれいな焼き色がつきます。モッタリとのばしにくい生地なので、玉じゃくしの背でそっと広げて。

5.

焼く

水小さじ1を鍋肌から加えてふたをし、弱火で3分間ほど焼く。水がなくなったら上下を返し、ふたをして2分間ほど焼く。残りも同様に焼く。

⇒生地の表面がまだ湿っているうちに上下を返すと、フワッとふくらみます。

3章
無発酵の
パン

膨張剤でふくらませるクイックブレッドは、
発酵させないので手軽に短時間でできるのが魅力。
無発酵でもパサつかないレシピを紹介します。
地粉でつくるとしっとりと口当たりよく、
小麦の風味をしっかり味わえます。

無発酵でつくるポイント

(1) 発酵の手間がないので簡単！
直径20cmくらいの
清潔なボウルを使います。

(2) ベーキングパウダー（または重曹）は、
酸に反応すると発泡して
ふくらみはじめます。
酸性の材料と合わせたら、急ぎましょう。

ソーダブレッド

生地を混ぜたら成形せずに、ざっくりと焼き上げます。
ほんのりと甘く、しっとりと心地よい口当たりです。

材料（1コ分）

A

- 地粉（中力粉）… 150g
- 重曹 … 約小さじ⅓ (1.5g)
- 海塩 … 2つまみ

B

- 無調整豆乳 … 110g
- てんさい糖 … 15g
- レモン汁 … 15g
- 植物油 … 大さじ1¼ (15g)

くるみ（食塩不使用）… 20g

片栗粉 … 小さじ1

準備

・くるみは2～3等分に割る。
・天板にオーブン用の紙を敷く。
・オーブンは180℃に温める。

1.

粉類を混ぜる

ボウルに **A** を入れ、泡立て器でグルグルとよく混ぜる。

2.

水分を混ぜる

別の小さめのボウルに **B** を入れ、油分と水分がよくなじんで乳化するまで、泡立て器でよく混ぜる。

⇒油が浮かなくなるまで、しっかり混ぜましょう。

3.

粉類と水分を合わせる

1 に **2** を加え、ゴムべらで手早く混ぜる。粉っぽさが少し残るくらいでくるみを加え、サッと混ぜる。

⇒重曹とレモン汁が反応して発泡し、ふくらみはじめます。急ぎましょう！

4.

片栗粉をふる

すぐにオーブン用の紙を敷いた天板に **3** の生地をのせ、茶こしで片栗粉を手早くふる。

⇒片栗粉をふると、中がしっとりと仕上がります。

5.

180℃／20～25分

焼く

180℃のオーブンで20～25分間、表面に少し焼き色がつくまで焼く。

⇒ゆっくりしていると、ふくらみが悪くなります。急いでオーブンに入れましょう。

枝豆ととうもろこしのパン

枝豆＆とうもろこしがたっぷり入った、夏のお総菜パン。
生地を重ねて具材を中に入れ込むと、
ふんわりと焼き上がります。
つくり方 P.86

ごまパン

枝豆ととうもろこしのパンと同じ生地のバリエーションです。
黒ごまは同量の刻んだドライトマトにかえてもおいしい！
つくり方 P.86

枝豆ととうもろこしのパン (P.84)
ごまパン (P.85)

（P.84）（P.85）

[枝豆ととうもろこしのパン]

材料（4コ分）

A
- 豆乳プレーンヨーグルト（無糖）
  … 100〜110g*
- てんさい糖 … 12g
- 植物油 … 大さじ1¼（15g）
- 海塩 … 2g

地粉（中力粉）… 150g
ベーキングパウダー… 小さじ1½（6g）
枝豆（ゆでてさやから出したもの）
　… 正味50g
とうもろこし（粒を包丁でそぐ）
　… 正味50g
黒こしょう（粗びき）… 適量

＊地粉のたんぱく質含有量が8％の場合は100g、
　10％の場合は110gにする。

準備
・オーブン用の紙を天板と
　同じ大きさに切る。

[ごまパン]

材料（4コ分）**とつくり方**
枝豆ととうもろこしのパンのつくり方
6で、枝豆、とうもろこし、黒こしょう
のかわりに、黒ごま大さじ3をのせる。
あとは同様につくる。

1.

水分を混ぜる
ボウルに **A** を入れ、油がなじむまで
ゴムべらでよく混ぜる。

2.

粉を加えて混ぜる
地粉を加え、粉っぽさがなくなるま
でよく混ぜる。

6.

具材をのせる
手に植物油少々（分量外）をつけ、
オーブン用の紙に生地を取り出す。
手で平らにし、2cm厚さに広げる。
枝豆、とうもろこしをのせて軽く押
さえつけ、黒こしょうをふる。

7.

切って重ねる
カードかナイフで2等分にして重ね、
上からギュッと手で押さえる。

3.

休ませる

ボウルにラップをして常温で10分間ほど休ませる。オーブンを180℃に温める。

⇒休ませることで、ベタベタだった生地が水分を吸ってまとまります。

4.

ベーキングパウダーを加える

ベーキングパウダーを指ですりつぶして加える。

⇒ベーキングパウダーとヨーグルトが反応して発泡し、ふくらみはじめるので急ぎましょう！

5.

こねる

生地を外側から中央に入れ込むように、手早く1分間ほどしっかりとこねる。

8.

4等分にする

再び2等分にして重ね、ギュッと手で押さえて4等分にする。

⇒生地がふくらまないうちに手早く作業しましょう。

9.

180℃／20分

焼く

紙ごと天板にのせ、180℃のオーブンで20分間ほど、ほんのりと焼き色がつくまで焼く。

くるみパン

ふっくらと柔らかな生地に、
くるみのザクザク感がアクセント。
生地に切り込みを入れ、
花のような愛らしい形に焼き上げます。

材料（4コ分）

A 豆乳プレーンヨーグルト（無糖）… 80g
メープルシロップ … 30g
植物油 … 大さじ1（12g）
海塩 … 2つまみ

地粉（中力粉）… 150g
ベーキングパウダー… 小さじ1½（6g）
くるみ（生地用）… 30g

B 無調整豆乳 … 小さじ1
メープルシロップ … 小さじ1

くるみ（飾り用）… 4コ

準備

・オーブン用の紙を11cm四方に4枚切る。
・生地用のくるみは細かく刻む。

1.

水分と粉を混ぜる

ボウルに **A** を入れ、油がなじむまでゴムべらでよく混ぜる。地粉を加え、粉っぽさがなくなるまでよく混ぜる。

2.

休ませる

ボウルにラップをして常温で10分間ほど休ませる。オーブンを180℃に温める。

⇒休ませることで、ベタベタだった生地が水分を吸ってまとまります。

3.

こねる

ベーキングパウダーを指ですりつぶして加え、生地に入れ込むように、手早く1分間ほどしっかりとこねる。

⇒ベーキングパウダーとヨーグルトが反応して発泡し、ふくらみはじめるので急ぎましょう！

4.

くるみを加えて丸める

刻んだくるみを加えてサッと混ぜ、ボウルの中でカードかナイフで4等分にする。手に植物油少々（分量外）をつけ、生地を1コずつ丸める。

5.

切り込みを入れる

オーブン用の紙にのせ、手で押して平らにする。料理ばさみで周囲6か所に切り込みを入れる。

⇒生地がふくらまないうちに手早く形をつくりましょう。

6.

180℃／15〜20分

くるみをのせて焼く

B を混ぜて生地の表面に塗り、飾り用のくるみを中央に1コずつ、ギュッと指で下まで押し込む。紙ごと天板にのせて180℃のオーブンで15〜20分間、焼き色がつくまで焼く。

甘酒蒸しパン

甘酒の風味で、無発酵とは思えないほど、
うまみ豊かな味わいです。片栗粉を少し加えると、
フカフカの軽やかな食感に仕上がります。

材料（4コ分）

A 地粉（中力粉）… 140g
　片栗粉 … 10g
　ベーキングパウダー… 小さじ1½（6g）

B 無調整豆乳 … 60〜65g
　甘酒（濃縮タイプ）… 50g
　植物油 … 大さじ1（12g）
　海塩 … 2g

準備
・オーブン用の紙に数か所小さな穴を開け、
　蒸し器に敷く。

1.

粉類と水分を混ぜる

ボウルに **A** を入れてゴムべらでよく
混ぜ、中央をくぼませて **B** を加える。
粉っぽさがなくなるまで、中央から
グルグルと全体をよく混ぜる

2.

休ませる

ひとまとめにし、ボウルにラップをし
て常温で10分間ほど休ませる。鍋
に湯を沸かす。

⇒休ませることで、生地が水分を吸ってま
とまります。

3.

たたむ

手に植物油少々（分量外）をつけて
生地を取り出し、生地の表面に植物
油少々（分量外）をつけながら、手
早く三つ折りにたたんで軽く押す。
これを数回繰り返す。

4.

巻く

1cm 厚さの長方形に整えて手前か
らクルクルと巻き、巻き終わりを指
でつまんで閉じる。

⇒三つ折りにするうちにベタベタした生
地がまとまり、巻きやすくなります。生地
がふくらんでくるので急ぎましょう！

5.

切る

巻き終わりを下にして置き、カード
やナイフで4等分にする。切り口を
上にしてオーブン用の紙を敷いた
蒸し器に入れる。

6.

蒸す

すぐに蒸気の上がった鍋にのせ、ふ
たをして強めの中火で10分間ほど
蒸す。生地の中心に竹串を刺し、生
地がつかなければ蒸し上がり。

豆腐あんパン

フライパンでお焼き風に仕上げる、
お手軽あんパンです。
生地に片栗粉と豆腐を加えると、
焼きたてはサクッ、冷めるとしっとり。
つくり方 P.94

りんごパン

豆腐あんパンと同じ生地で、
りんごの甘煮を包んで焼きます。
香ばしい生地に、りんごの甘酸っぱさが
爽やかなアクセントに。

つくり方 P.94

豆腐あんパン（P.92）
りんごパン（P.93）

[豆腐あんパン]

材料（4コ分）

A

地粉（中力粉）… 90g
片栗粉 … 10g
てんさい糖 … 15g
ベーキングパウダー… 小さじ1¼（5g）
海塩 … 約小さじ⅓（1.5g）

B

絹ごし豆腐 … 75g
植物油 … 大さじ1（12g）
粒あん（市販）… 100g
植物油 … 適量

準備

・オーブン用の紙を15cm四方に
4枚切る。

[りんごパン]

材料（4コ分）**とつくり方**
豆腐あんパンのつくり方**5**で、粒あんの
かわりにりんごの甘煮（P.95）全量を
¼量ずつのせる。あとは同様につくる。

1.

粉類と豆腐を混ぜる
ボウルに**A**を入れ、泡立て器または
手でよく混ぜる。**B**を加え、粉っぽ
さがなくなって油がなじむまでゴム
べらでよく混ぜる。
⇒ゴムべらで生地をボウルにこすりつける
ようにして、よく混ぜましょう。

2.

休ませる
生地をひとまとめにする。ボウルに
ラップをし、常温で15分間ほど休
ませる。
⇒休ませることで、生地が水分を吸ってま
とまります。

6.

包む
生地の口を閉じて粒あんを包み、閉
じ口を下にして置き、手で押して平
らにする。

7.

焼く
フライパンに植物油を薄くひいて
中火で温め、火を止めて粗熱を取る。
6を並べて水大さじ1を加え、ふた
をして弱火で6〜7分間、水がなく
なるまで焼く。

3.

切って丸める

生地を取り出し、カードかナイフで4等分にして丸める。オーブン用の紙に1コずつのせ、ラップをして5分間ほど休ませる。

4.

のばす

ラップの上から手で押し、生地を直径10cmにのばす。

⇒ベタベタした生地ですが、ラップの上から押すと、簡単にのばせます。

5.

粒あんをのせる

ラップを取り、粒あんを¼量ずつのせ、周囲の生地を真ん中に集める。

8.

上下を返して焼く

7の上下を返して水大さじ1を加え、再びふたをして、水がなくなるまで4〜5分間焼く。

⇒最初に加えた水がなくなってすぐに上下を返すと、きれいな焼き色がつきます。

りんごの甘煮

材料(つくりやすい分量)

りんご(紅玉)*… 1コ (150g)　　植物油 … 小さじ½
片栗粉 … 小さじ1　　　　　　　海塩 … 少々
てんさい糖 … 30g

＊ 紅玉以外の場合は、材料にレモン汁小さじ1を加える。

1.　りんごはよく洗い、皮付きのまま四つ割りにして芯を取り、1cm角に切る。鍋(酸に弱いアルミ以外のもの)に入れ、ほかの材料をすべて加える。よく混ぜて15分間ほどおく。

2.　りんごから水分がたっぷり出たら(写真右上)、鍋を弱火にかける。フツフツとしてきたら、かき混ぜながら5分間ほど煮る。汁けがなくなったら火を止め、冷ます(写真右下)。

オートミールの
ゴツゴツパン

オートミールが香ばしく、外はザクザク、中はしっとりホロホロ。
一見ゴツゴツと重たそうですが、実はとても軽い食べ心地です。

材料（4コ分）
オートミール*（生地用）… 50g
豆乳プレーンヨーグルト（無糖）
　… 140g

A
　てんさい糖 … 15g
　海塩 … 約小さじ⅓（1.5g）
　植物油 … 大さじ1¼（15g）

B
　重曹 … 約小さじ⅓（1.5g）
　地粉（中力粉）… 100g
　シナモンパウダー… 小さじ1
オートミール*（仕上げ用）… 適量
＊砕きやすいクイックオーツがおすすめ。

準備
・天板にオーブン用の紙を敷く。
・生地用のオートミールは手で
　握ってできるだけ細かく砕く。

1.

混ぜて休ませる

砕いたオートミールと豆乳ヨーグルトをボウルに入れ、ゴムべらでよく混ぜる。**A**を順に加えて混ぜ、ボウルにラップをして常温に10分間ほどおく。さらに、ゴムべらでグルグルと混ぜ、粘りを出す。

2.

粉類を混ぜる

別のボウルに**B**を入れ、泡立て器でよく混ぜる。オーブンを200℃に温める。

3.

生地をつくる

1に**2**の粉を加え、粉っぽさがなくなるまで手早くしっかりと混ぜて生地をつくる。

⇒重曹とヨーグルトが反応して発泡し、ふくらみはじめます。急ぎましょう！

4.

オートミールを散らす

すぐに生地をゴムべらで4等分にし、オーブン用の紙を敷いた天板にのせる。仕上げ用のオートミールを手早く表面に散らす。

⇒形を整えずにそのまま焼くと、よくふくらみます。

5.

200℃ ／20分

焼く

200℃のオーブンで20分間、表面に少し焼き色がつくまで焼く。

自家製のスプレッド

小麦の味が濃厚な地粉パンによく合う、手軽なスプレッドを紹介します。

豆乳発酵バター

ココナツオイルで固めた植物性のバター。
口溶けがよく、軽やかな味わいです。

材料（つくりやすい分量）
豆乳プレーンヨーグルト（無糖）… 80g
ココナツオイル（無香タイプ）… 100g
A
| メープルシロップ … 小さじ1
| 海塩 … 小さじ⅓

1. ざるに紙タオルを敷いてボウルに重ね、豆乳ヨーグルトを入れて冷蔵庫に一晩（8〜10時間）おき、水けをきる（30〜40gになる）。
2. ココナツオイルが固まっている場合は、湯煎（50℃）にかけて溶かす。
3. 別のボウルに**1**と**A**を入れ、なめらかになるまでよく混ぜる。**2**を加えてクリーム状になるまでよく混ぜる。清潔な保存容器に入れて冷蔵庫で冷やし固める。
⇒クリーム状になりにくい場合や気温が高い日は、ボウルの底を氷水に当てながら混ぜましょう。

保存：冷蔵庫で4〜5日間

豆乳クリームチーズ

まろやかなコクの植物性のクリームチーズ。
サンドイッチに重宝します。

材料（つくりやすい分量）
豆乳プレーンヨーグルト（無糖）… 400g
ココナツオイル（無香タイプ）… 40g
A
| てんさい糖 … 小さじ1
| 海塩 … 小さじ½ 弱

1. ざるに紙タオルを敷いてボウルに重ね、豆乳ヨーグルトを入れて冷蔵庫に1時間ほどおき、水けをきる。ヨーグルトにラップをかぶせ、その上に皿などをのせておもし（500g以上）をし、⅓量（約130g）になるまで、さらに冷蔵庫でしっかりと水けをきる。
2. ココナツオイルが固まっている場合は、湯煎（50℃）にかけて溶かす。
3. 別のボウルに**1**と**A**を入れ、泡立て器でなめらかになるまで手早くよく混ぜ合わせる。**2**を加え、油が浮かなくなるまでよく混ぜ合わせる（乳化）。清潔な保存容器に入れて冷蔵庫で冷やし固める。

保存：保存：冷蔵庫で3〜4日間

カシューナッツ
バター

チョコナッツ
スプレッド

カシューナッツバター
チョコナッツスプレッド

塩をきかせ、カシューナッツの甘みを際立たせます。
Aの材料をかえるとチョコナッツスプレッドに。

材料 (つくりやすい分量)

カシューナッツバター
カシューナッツ (食塩不使用／
　ローストしたもの) … 100g
A
│ ココナツオイル
│ 　(無香タイプ) … 50g
│ 海塩 … 2.5g

チョコナッツスプレッド
カシューナッツ (食塩不使用／
　ローストしたもの) … 100g
A
│ ココナツオイル
│ 　(無香タイプ) … 50g
│ ココアパウダー (無糖) … 15g
│ メープルシロップ … 50g
│ 無調整豆乳 … 30g
│ 海塩 … 少々

1. 天板にオーブン用の紙を敷き、カシューナッツを広げる。160℃のオーブンで10分間 (生のカシューナッツは25分間) 焼き、冷ます。
2. フードプロセッサーに**1**を入れ、しっとりとして油分が出てくるまでかくはんする。
3. **A**を加え、なめらかになるまでさらにかくはんする。清潔な保存容器に入れて冷蔵庫で冷やし固める。
保存：カシューナッツバターは冷蔵庫で約1か月間、チョコナッツスプレッドは冷蔵庫で約10日間

紅玉ジャム

りんごは皮と一緒に香りよく煮て、
色鮮やかに仕上げます。

材料 (つくりやすい分量)
りんご(紅玉) … 2コ (正味300g)
レモン汁 … 小さじ1
てんさい糖 … 90g

1. りんごは四つ割りにして皮をむき、芯を除いて好みの大きさに切る。鍋にりんごと皮、レモン汁、ヒタヒタの水を入れて中火で沸騰させ、アクを取って弱火にし、15分間ほど煮る。
2. 火を止めて皮を取り出し、スプーンなどで皮についた果肉をこそげ取って鍋に戻す。てんさい糖を加え、混ぜながら弱火で煮る。とろみがついたら火を止める。
3. すぐに清潔な耐熱の保存瓶に入れ、ふたはせずに、水をはったボウルにつけて急冷する。
⇒急冷すると、きれいな色になります。
保存：冷蔵庫で約2週間

基本の材料

この本で使用している材料を紹介しますので、参考にしてください。

膨張剤

1. ベーキングパウダー

生地を縦にふくらませ、色白に仕上げます。アルミニウムフリーのものを選んでください。

2. 重曹（食品用）

生地を横にふくらませ、焼き色をつけます。食品用のもの（掃除兼用のものもある）を必ず選んでください。

大豆加工品

3. 無調整豆乳

生地の水分として使用します。豆の味が濃いものではなく、くせのないサラッとしたタイプを選びましょう。

4. 豆乳プレーンヨーグルト（無糖）

豆乳を発酵させた植物性のヨーグルト。とろみと酸味で、無発酵パンをふんわりとふくらませるために使用。

5. 絹ごし豆腐

生地をしっとりと柔らかく仕上げる目的で使います。なめらかでくせのない充填タイプがおすすめです。

甘味料

6. てんさい糖

てんさい（砂糖大根）が原料の砂糖。粒子の細かい粉末状が溶けやすく、おすすめです。きび糖で代用可。

7. メープルシロップ

カエデの樹液を煮詰めた天然の甘味料で、ミネラルが豊富。コクのある風味や甘みをつけるときに使います。

8. 甘酒（濃縮タイプ）

米と米こうじを原料としたノンアルコールのもの。レシピによって原液のまま、あるいは希釈して使います。

油

9. 植物油

くせのない「菜種サラダ油」か「ごま油（白）」を使用。菜種油や茶色のごま油だと風味が強すぎます。

10. オリーブ油

エクストラバージンオリーブ油を使います。古いものを使うと苦みが出ることがあるので、新鮮なものを。

11. ココナツオイル

無香タイプを使用。25℃以上で液体に、20℃以下で固体になる性質を利用し、スプレッドに使います。

その他

12. 塩

地粉には、ミネラル含有量の多い海水100％の塩が合います。季節や月の満ち欠けにより味わいが変わる平釜製法のものがおすすめ。

13. 片栗粉

焼く前に、生地にふる粉は、地粉を使うと味が重たくなるので、片栗粉を使います。サックリ仕上げたい無発酵パンの生地にも使用。

白崎さんおすすめの商品ガイド

1 ラムフォードベーキングパウダー
10 チュニジア産有機エキストラバージンオリーブオイル
  アリサン（TEL 042-982-4812 https://alishan-organics.com）
2 シリンゴル重曹
  木曽路物産（TEL 0573-26-1805 https://www.kisojibussan.co.jp）
3 有機豆乳無調整・4 豆乳グルト 機能性表示食品
  マルサンアイ（TEL 0120-92-2503 https://www.marusanai.co.jp/）
5 卵乃家 オーガニック充填絹豆腐
  大近（TEL 0120-80-3740 https://www.pantry-lucky.jp/）
6 北海道産 てんさい含蜜糖粉末タイプ
  陰陽洞（TEL 046-873-7137 https://in-yo-do.com/）

7 アレガニ 有機メープルシロップ
  ミトク（TEL 03-6403-1935 https://www.31095.jp/）
8 国産有機白米こうじあま酒
  マルクラ食品（TEL 086-429-1551 https://www.marukura-amazake.jp/）
9 国産なたねサラダ油・13 国内産有機片栗粉
  ムソー（TEL 06-6945-5800 https://muso.co.jp/）
11 有機プレミアムココナッツオイル
  ココウェル（TEL 0120-01-5572 https://www.cocowell.co.jp/）
12 石垣の塩
  石垣の塩（TEL 0980-83-8711 https://www.ishigakinoshio.com/）

地粉パンの Q&A

Q1 地粉がないとつくれませんか?

A レシピの地粉の分量を、強力粉・薄力粉各同量に換算してつくることもできます(地粉150gなら、強力粉・薄力粉各75g)。最初は強力粉を少し多めに配合するとつくりやすいです。

Q2 間違って全粒粉地粉を買ってしまいました。

A 全粒粉地粉だけで生地をつくるとふくらみにくくなるので、普通の地粉に少し(20%くらいまで)混ぜて使いましょう。もう生地をつくってしまった場合は、薄く広げてピザにするとおいしく食べられます。また、全粒粉地粉を使う場合は、冷蔵庫でゆっくり発酵させるパンのほうが、水分をよく吸っておいしく仕上がります。グリッシーニは、全粒粉地粉を50%ほど入れてもおいしく焼けますが、白パンや花巻など白くてフワフワのパンには不向きです。

Q3 ポリ袋が破れてしまったら?

A まだ粉を混ぜている段階でしたら、新しい袋に移しかえてください。すでに水分が入った状態でしたら、ポリ袋を2重にしてつくり続けましょう。袋を回しながら、爪を立てずに両手のひらで生地を包み込むようにもむと、袋が破れにくく、生地もよくつながります。

Q4 生地がベトベトになってしまったときは?

A 地粉で軽く打ち粉をして生地を置き、カードを使って、生地をたたむようにしてまとめましょう。ポリ袋で生地をもみ足りないときや、水分が多いとき、過発酵(発酵しすぎ)のときも、ベタつきやすくなるので、この方法で。

Q5 てんさい糖のかわりにメープルシロップでつくれますか?

A メープルシロップには水分が⅓ほど含まれていますので、てんさい糖10gをメープルシロップで代用する場合は、15gが必要です。その分、生地から水分を5g減らしてください。

Q6 てんさい糖やメープルシロップを減らすことはできますか?

A 糖分は酵母のエサになるので、まったくなくすことはできませんが、少し減らすことはできます。メープルシロップを減らしたときは、水を少し増やしましょう(減らしたメープルシロップの⅓量が目安)。ただし、発酵時間は少しゆっくりになり、焼き色もつきにくくなります。

Q7 生地の表面に油が浮いています。

A 生地をもみ足りない(こね足りない)からです。油分がなじむまで、よくもみましょう(こねましょう)。また、水が足りなくて生地が堅すぎるときも油が浮いてきやすいので、水を少し足してみてください。

Q8 ポリ袋の生地（冷蔵発酵）が、ちっともふくらみません。

 Q12 オーブンの上〜下段のどこに入れたらいいですか？

A 野菜室の温度が下がりすぎていないか確認してください。7℃以上が適温です。また、生地をもみ足りないと酵母がしっかり溶けず、ふくらみが悪くなることがあります。生地が温かくなるまでしっかりもみましょう。

A 小さなパンは基本的に上段か中段、大きなパンやクープを開かせたいパンは下段に入れて焼きましょう。

Q9 生地に切り目を入れるのはなぜ？

A ふくらむときに生地の表面が割れやすいパンの場合、切り目を入れることで生地ののびがよくなり、形よくきれいに焼き上げられます。切り目を入れることをクープといいます。よく切れるナイフを使うのがコツです。

Q13 何度焼いても横から割れてしまいます。

A 発酵不足か、こね不足、水分不足が考えられます。またグルテンが少ない地粉を使うと割れやすくなるので、その場合は生地の表面にクープを入れるときれいに焼けます。

Q10 焼き色がうまくつきません。

A オーブンの温度を上げましょう（+10〜20℃）。また、過発酵になると、生地の糖分が少なくなるため、温度を上げても焼き色がつきにくくなるので注意しましょう。

Q14 パンのおいしい保存方法は？

A パンがまだほんのり温かいうちにポリ袋に入れておくと、冷めてもパサつきません。大きなパンはスライスしてラップで包んで冷凍しておくと、いつでもトーストが楽しめます。

 Q11 レシピどおりの温度で焼くとパンが焦げてしまいます。

Q15 堅くなったパンを温め直す方法は？

A オーブンの温度を下げましょう（−10〜20℃）。オーブンはそれぞれくせがあり、火が通りやすいものと通りにくいものがあります。1つのパンで温度を調節したら、ほかのパンも同じように焼くことができるので、まずは基本的なへたパン（P.12）で温度調節をしてみてください。

A 霧吹きでたっぷり水を吹きかけるか、手で水をパンの表面全体につけて5分間ほどおき、200℃のオーブンで5〜10分間、温め直しましょう。薄く切ってトーストにしてもおいしいです。蒸しパンの場合は、蒸し器で5分間ほど温め直すと、蒸したてと変わらない状態になります。

白崎裕子（しらさき・ひろこ）

料理研究家。東京生まれ、埼玉育ち。神奈川県・逗子にある自然食品店「陰陽洞」が主宰する料理教室の講師を経て、神奈川県・葉山の海辺に建つ古民家でオーガニック料理教室「白崎茶会」を始める。植物性の材料でもおいしく満足できる料理・菓子・パンが評判となり、自然食や体質改善、食事療法など食生活にこだわりのある人から料理初心者まで、多くの参加者が全国各地から集まる人気教室となる。現在はオンライン料理教室「白崎茶会レシピ研究室」を開催中。『白崎茶会の癒しのスープ』（小社刊）など著書多数。『白崎茶会のあたらしいおやつ』『へたおやつ』（ともにマガジンハウス刊）は、2年連続で料理レシピ本大賞・お菓子部門の大賞を受賞。

白崎茶会の
はじめての地粉パン

2023年4月20日　第1刷発行

著　　者	白崎裕子
	©2023 Shirasaki Hiroko
発 行 者	土井成紀
発 行 所	NHK出版
	〒150-0042
	東京都渋谷区宇田川町10-3
	電話 0570-009-321（問い合わせ）
	0570-000-321（注文）
	ホームページ
	https://www.nhk-book.co.jp
印刷・製本	大日本印刷

撮影　新居明子
デザイン　福間優子
スタイリング　佐々木カナコ
イラスト　多田玲子
調理助手　白崎巴菜／水谷美奈子
調理協力　白崎茶会のパン先生
　　（水島美帆／五十嵐美穂／鈴木祥子／
　　塩川嘉代／鈴木直美 ／七澤ゆかり）
協力　グラウクス堂／陰陽洞／菜園「野の扉」
校正　円水社
編集　宇田真子／米村 望、山田葉子（NHK出版）
編集協力　小林美保子／日根野晶子

※この本は『NHKきょうの料理』テキストで2020年10月号から2023年3月号まで連載した「シラサキパン」に新しいレシピを加え、再編集したものです。